B P
A
S T
Ex Libris Germain

GRANDES CONFÉRENCES

(in extenso).

L'ARARAT

Par M. Germain BAPST.

Le voyageur qui traverse le Caucase venant d'Occident pour se rendre en Arménie, pénètre d'abord dans la Géorgie, pays de végétation luxuriante et de climat tempéré.

Les villages y sont entourés de vergers ou de champs cultivés, les montagnes couvertes de forêts, où des arbres gigantesques croissent au milieu des rododendrons et des églantiers, arrosés par des torrents d'eau de roche, au dessus desquels se balancent des guirlandes de lianes.

Autant la Géorgie est fertile et riante, autant l'Arménie, qui lui est contiguë, est stérile et dénudée ; mais l'aspect triste de ce dernier pays est bien vite oublié par le voyageur : le spectacle grandiose de l'Ararat, peut-être le plus beau du monde, efface tous les autres souvenirs.

Cette montagne, dont la cîme s'élève sur les rives de l'Araxe, seule, dans une plaine immense, mesure, de la base au sommet, une hauteur plus considérable que tout autre pic. S'il existe des montagnes beaucoup plus élevées au-dessus de la mer, lorsqu'on commence à distinguer leur sommet, on a gravi plus ou moins insensiblement bien des pentes ; mais la masse, que l'on a devant soi, est moindre que celle dont je vous parle, qui peut être aperçue de tous les points de l'Arménie.

L'Ararat n'attire pas moins par les souvenirs qu'il évoque que par la majesté de son aspect.

Ces deux attraits d'un ordre si différent, se confondent dans l'esprit comme ils semblent se confondre dans leur origine. Car les traditions sémitiques parvenues jusqu'à nous désignent l'Ararat comme le ber-

ceau de l'humanité, au lendemain des grands cataclysmes d'époques
antérieures

Les peuples d'Orient, ne connaissant pas de site plus grandiose, y
avaient rattaché leurs souvenirs historiques et légendaires les plus
anciens.

I.

C'est de Tiflis, point central de la Transcaucasie, que l'on se dirige
sur Erivan, capitale de l'Arménie. On prend d'abord le chemin de fer
transcaspien, qui, par un trajet de 95 verstes (1), conduit dans la
direction du Sud-Ouest, jusqu'à un village tartar du nom d'*Akstapha*.

Nous quittons *Tiflis* à une heure du matin ; à cinq heures du matin,
nous arrivons à la station et nous montons immédiatement en *troïka*.

On ne saurait mieux comparer cette voiture qu'à un tonneau d'arro-
sage, dont on aurait enlevé la partie supérieure ; sur deux montants
en bois, que supportent les quatres roues, sans aucun ressort, est
placé la cage de la voiture ou plutôt le tonneau coupé. En arrière, il
y a des anneaux ou des barreaux formant dossier ; on y passe des
cordes entrelacées qui permettent au voyageur de s'asseoir dessus.
On a souvent comparé cette banquette à une raquette dont le volant
est le voyageur.

L'équipage est traîné par trois chevaux ; celui du centre est cou-
ronné de la douga, énorme demi-cercle en bois qui le gêne ; il marche
au grand trot ; les deux autres chevaux, la tête tournée vers l'exté-
rieur, vont au galop.

Nous avons fait souvent 160 à 180 kilomètres par jour en troïka,
c'est-à-dire 12 kilomètres par heure, en tenant compte du temps perdu
pendant les relais.

On commence par se trouver très mal assis dans cette voiture, puis
l'on s'y accoutume, et on finit par trouver excellents ces treillages de
corde. D'ailleurs, la troïka présente un grand avantage sur les autres
voitures : le cocher étant assis très bas sur le devant du véhicule,
aucun obstacle ne se dresse entre le voyageur et le paysage.

Les secousses de la troïka sont violentes : un touriste a raconté
qu'ayant un boîte de conserves alimentaires et une boite de poudre

---

(1) La verste mesure 1 kilomètre 67 mètres.

insecticide, les trépidatious de la voiture était telle que les conserves étaient passées dans la boîte de poudre et *vice versâ*, sans que ni l'une ni l'autre se fussent ouvertes. Je n'ai pas été témoin de ce fait, dont je ne puis par conséquent affirmer l'exactitude ; mais il nous est arrivé plusieurs fois de constater que nos savons s'étaient convertis en une poudre très fine, répandue partout dans les valises. Nous avions des blaireaux pour nous faire la barbe ; la colle, qui en assujettissait les poils, se pulvérisait également, en sorte que ces poils tombaient. Des parties entière de nos chemises furent enlevées, comme si on avait employé la pierre ponce à les frotter. Par ces quelques détails, on peut se rendre compte de la nature des cahots, que fait supporter le voyage en troïka.

Au Caucase, les cochers des Troïkas sont de nationalités diverses. Les Russes sont les plus rapides : les Tatars ou les Géorgiens sont plus calmes, les Arméniens ne fournissent des chevaux et ne se pressent que lorsqu'ils reçoivent des coups ou de l'argent. Les cochers ont toujours dans leurs poches des ficelles ; en cas d'accident, ils raccommodent eux-mêmes la partie brisée de l'attelage et repartent aussitôt.

Lorsque l'on arrive à la station, un bon *yemchilk* (cocher) doit soigner son entrée ; il précipite ses chevaux au grand galop au risque de verser et arrive à toute vitesse devant la porte. A peine les chevaux se sont-ils arrêtés, que l'on se précipite chez le chef de la station, on lui présente un padarojnié à deux cachets : immédiatement il donne des ordres pour atteler de nouveaux chevaux, à moins qu'il ne soit Arménien ; dans ce cas, il refuse des chevaux, espérant que le voyageur, pressé pour en obtenir, lui offrira de l'argent. C'est généralement ce qui arrive ; pour en finir et repartir, on offre 2 ou 3 roubles immédiatement ; comme par enchantement, les chevaux absents reparaissent, ou de fatigués qu'ils étaient redeviennent dispos.

Le yemchik dételle aussitôt les chevaux attelés et les promène au pas quelques instants avec une sollicitude parfaite. Le nouveau yemchik amène d'autres chevaux, et tous deux se mettent à atteler. c'est à ce moment qu'il faut donner un pourboire au cocher. Si celui-ci est satisfait (ce qui arrive toujours quand la gratification dépasse 40 kopecks) votre renommée d'homme génèreux est acquise de station en station et vous y précède. A peine le cocher a-t il senti les kopecks dans la main, qu'à un petit signe fait à son successeur qui attèle avec lui, il fait comprendre s'il est content ou mécontent, et le nouveau yemchik conduit en raison du signe de son camarade.

En Russie, on ne construit des routes que dans des circonstances particulières. Pour établir une communication, on prend à travers champs par la ligne droite, bientôt le chemin est fait par le passage des voiture. Cette route, faite d'une façon primitive, sans être jamais empierrée ni entretenue, est bien vite défoncée : on prend alors à droite et à gauche du premier tracé, quelquefois le chemin arrive à mesurer 100 à 200 mètres de largeur, et n'en est pas moins un affreux bourbier.

Lorsque l'on arrive devant une rivière, le yemchik se garde bien de passer sur le pont, mais il descend sur la berge et passe la rivière à gué ; les ponts paraissent aux habitants une construction dangereuse et qu'il est avant tout prudent d'éviter.

Il était cinq heures du matin lorsque nous partîmes de la station d'Akstapha. Par suite d'une réverbération particulière, l'eau de la rivière que nous longions prenait les couleurs de la queue d'un paon ; elle était tantôt bleue, tantôt verte, noire ou violette avec des reflets changeants. Ce phénomène d'optique se renouvelle fréquemment dans les montagnes du Caucase.

D'Akstapha, on se dirige au Sud, vers le lac de Gok-tchaï, par le village de Delijane, où la route de Tiflis bifurque. A droite, elle va à Alexandrapol et à Kars ; à gauche, à Erivan.

Delijane est situé dans un joli site : la montagne contre laquelle est adossée cette ville, possède les derniers grands arbres, que l'on voit, avant d'entrer en Arménie.

On monte sur la chaîne qui sépare Delijane du lac de Gok-tchaï et la Géorgie de l'Arménie. A l'un des nombreux détours de la route, nous cotoyions un mamelon pelé, avec quelques arbres malingres couvrant son sommet, lorsque notre attention fut attirée par un cri, parti au-dessus de nos têtes. Nous vîmes alors une centaine de chameaux, paissant dans la montagne, au milieu de rochers et de broussailles: un peu plus loin les conducteurs de la caravane s'étaient arrêtés. A côté d'eux se trouvaient les charges des animaux, rangées en file sur le bord de la route.

Nous arrivâmes au col ; derrière nous, au Nord, étaient les pentes boisées de la Géorgie et, devant, le *lac de Gok-tchaï*, qui, malgré la haute montée que nous venions d'accomplir, s'étendait au loin à la même hauteur. Sa nappe d'eau, bleu foncé, semblait répandue dans une coupe de porphyre. De toutes parts, des rochers, des volcans aux cîmes neigeuses se détachaient dans le fond sur le bleu de ciel.

La route cotoie le lac, s'élevant ou s'abaissant sur les énormes blocs de rochers, qui le dominent de tous côtés. A chaque tournant, on aperçoit alors l'eau presque sous ses pieds, à une profondeur de 3 ou 400 mètres.

En suivant cette route, nous croisions sans cesse de longs convois d'Arabes et des chameaux, qui se balançaient régulièrement les uns derrière les autres : le premier de la file portait au haut d'un long bâton assujetti à son chargement, un grand panache de laine qui sert de point de ralliement ou de direction à ses suivants. En général, ils marchent attachés par groupes de 4 ou 5, au moyen de licols de laine rouge, ornés de petits coquillages. Les conducteurs des chameaux étaient des Tatars, coiffés de papaches de mouton jaunes et vêtus d'étoffes aux couleurs voyantes : tous avaient les pieds enveloppés de larges bandes, retenues par des ficelles ; ils étaient chaussés de babouches à pointes relevées et au talon haut.

Au milieu du lac se trouve un rocher énorme — sans doute projeté par une éruption volcanique ; — au sommet, un monastère arménien contruit entre le XIIe et le XIIIe siècle, montre ses batiments noircis par le temps.

Après avoir cotoyé pendant deux ou trois verstes la falaise qui borde le lac, on arrive au point le plus rapproché de l'île ; au moyen d'un signal quelconque, d'un coup de pistolet, par exemple, on avertit les moines, qui, habitués à la chose, vous envoient chercher dans une barque, conduite par une douzaine de rameurs.

On descend au bord de l'eau par un sentier en zig-zag et on ne tarde guère à aborder au pied du couvent.

L'île rocheuse et les bâtiments n'offrent rien de particulier, et l'on éprouve une véritable déception, lorsque parvenu au faîte, on regarde de tous côtés ; de l'île, la vue est beaucoup moins belle que du rivage.

A sept heures du soir, nous prîmes congé des moines, qui nous avaient accueillis de la façon la plus aimable, pour regagner la troïka.

Le ciel se couvrait de nuages, ce qui ne nous empêchait pas de voir au loin, sur la rive du Nord, des pêcheurs occupés à tirer un filet de 350 mètres de longueur. Sans la présence de ces hommes, les alentours eussent semblé inhabités.

On eut dit qu'un orage allait fondre sur nous : les eaux du lac devenaient noires, les vagues se transformaient en lames, et les montagnes qui fermaient l'horizon prenaient une teinte de plus en plus sombre. C'est à peine si l'on apercevait les neiges qui couronnent leurs sommets.

Aussitôt à terre, nous rejoignons nos troïkas et nous continuons à longer le lac ; tout à coup, le soleil perça les nuages, avant de disparaître derrière les montagnes ; c'était un disque rouge ; les nuages apparurent alors comme des nuées de feu et le lac entier devint rouge comme le soleil. Les vagues ressemblaient à des lames d'argent sur le lac tout en feu. Le soleil s'étant caché derrière les montagnes du Karabach, la couleur générale de la vue changea et de rouge devint bleu ; le lac était foncé, ses lames toujours argentées ; autour, les montagnes étaient d'un bleu plus clair, et tout-à-fait à l'horizon, la neige du sommet des montagnes formait une teinte intermédiaire entre la base des montagnes et le ciel qui, alors, tout-à-fait dégagé, était d'un bleu très pale. Ce paysage, entièrement d'azur, nous rappelait celui du fond du portrait de la Joconde dans le grand salon du Louvre. Bientôt le crépuscule s'accentuant, le lac de bleu, devint changeant comme les couleurs du paon ; le fond d'azur seul ne changeait point ; nos chevaux allaient au galop et nous ne cessions de regarder ; à un tournant, nous nous éloignâmes du lac et un rocher le déroba à notre vue. Nous l'aperçûmes encore une fois à un autre tournant de la route en arrivant à *Elenofoka* ; mais la nuit était venue et nous ne le distinguions presque plus.

A minuit, nous arrivâmes à *Akti*, le premier village « arménien » que nous rencontrions : nous descendîmes à la station de poste. Les chambres en étaient dégoûtantes, comme elles le sont chez tout arménien qui se respecte. Les assiettes et les verres étaient si sales, que nous ne pûmes nous en servir. Nous mangeâmes avec nos doigts quelques-unes de nos conserves ; puis à quatre heures du matin, nous nous remettions en marche pour l'Ararat.

Nous étions au milieu d'un pays dénudé, où des valonnements se répétant sans cesse, empêchent la vue de se porter au loin. A partir de ce moment, les arbres n'existent plus. C'est à peine si l'on voit quelques broussailles chétives. On gravit une petite colline et, sans y être préparé, on aperçoit les cîmes du *grand* et du *petit Ararat*. Leur base est encore cachée par le plateau d'Arménie que l'on traverse. Nous allions à toute vitesse, nous franchissions des descentes et des montées continuelles, nous étions au milieu de volcans sans nombre : tantôt c'était des monticules de sable, ou des amas du rochers, ou bien des blocs qui paraissaient émerger du sol, nous rappelant la couleur de cette pierre. Il nous semblait que, si une masse quelconque de cette eau s'était solidifiée, elle eût formé un rocher noir et transparent semblable à celui-là.

Bientôt nous eûmes sur notre droite l'*Alagoz* (œil de Dieu), volcan de 14,000 pieds environ, dont la cîme est couverte de neige, tandis que la base est formée de grandes veines rouges, noires et vertes.

Dans aucun pays, les couleurs du sol et des rochers ne sont aussi crues qu'en Arménie ; un jour, sur les rives de l'Arpatchaï, en face d'une montagne aux tons violacés, coupés de veines bleues, M. le lieutenant Ernest Mariani, mon compagnon de voyage, me les faisant remarquer, s'écria : « Si un impressionniste s'avisait de reproduire sur un tableau ces montagnes telles qu'elles sont, ses propres confrères refuseraient la toile comme ayant des teintes trop violentes ou invraisemblables. »

Tout en s'aplanissant, le terrain restait d'un rouge jaune, qui prenait sous l'action du soleil un coloris encore plus puissant ; de temps en temps, quelques broussailles vertes à l'horizon. Enfin, nous arrivons à un village construit en pisé, avec des maisons basses, sans toit ; la partie supérieure en terrasse ; les portes basses ; pas de fenêtres, pour ainsi dire. Nous le traversons toujours au galop. A peine avions-nous dépassé la dernière maison, qu'un brusque crochet de la route nous amena sur une pente presque à pic, toute couverte de rochers énormes comme s'il en était tombé une pluie. Nous fûmes alors en présence d'un spectacle qu'on peut probablement appeler le plus beau de la nature. Devant nous s'étendait la vallée de l'Araxe, de couleur rouge, parsemée de petits points verts, qui n'étaient autres que des villages entourés de jardins.

L'*Araxe* coulait au centre ; à gauche, étaient à l'horizon, des montagnes couvertes de neige du *Karabach* ; à droite et un peu en amont, l'*Alagoz* et, devant nous, à 300 kilomètres environ, de l'autre côté de la plaine toute jaune, les deux *Ararat*, dont les cîmes blanches s'élevaient sur leur base de verdure en se détachant sur le fond du ciel.

C'est à coup sûr la plus belle vue du monde, du moins la plus grandiose et la plus saisissante.

Au milieu de la plaine que nous avons devans nous, un des points verts paraissait plus grand que les autres : c'était Erivan, éloigné de nous encore d'une dizaine de verstes. Nous y arrivâmes bientôt. Le chemin qui y conduisait, descendait en zig-zag. Les rochers, d'abord plus petits au sommet, devenaient beaucoup plus gros dans le bas. Je crois qu'il n'en existe nulle part une telle quantité. Ils sont couverts de lichens et je ne sais à quelle distance on retrouverait la terre en les déplaçant : ils ont dû être projetés par quelque avalanche.

En entrant dans Erivan, nous remarquons dans la grande rue que toutes les maisons, construites d'après l'architecture persane ou tatare, sont entourées de jardins et d'arbres fruitiers, pommiers, cerisiers, poiriers, etc. ; comme dans toute la Perse, les rosiers sont nombreux. Deux fois, nous vîmes Erivan au mois de mai : les arbres fruitiers et les rosiers y étaient encore en fleurs. Toute la végétation dont nous avions été privés, depuis le Gok-tchaï, nous apparaissait toute couverte de fleurs qui embaumaient la ville ; mais malgré la richesse du sol, Erivan ne possède pas un seul arbre de haute futaie. Nous descendîmes la grande rue, il était 9 heures du matin, nous croisâmes un persan à cheval, sa femme était aussi à cheval en croupe, couverte d'un manteau flottant, bleu, et la figure entièrement cachée par un voile qui retombait sur les autres vêtements. C'était l'Orient musulman que nous rencontrions pour la première fois.

A Erivan, comme en Perse, les femmes se couvrent entièrement la figure d'un voile qui retombe tout autour d'elle, à l'encontre des dames turques qui laissent à l'air les yeux.

Nous nous dirigeons vers l'unique hôtel de la ville: il n'y a dans l'établissement ni cuvette, ni pot à eau ; mais en revanche, la vermine abonde. Pour la première fois que nous descendîmes à l'hôtel, on fut très étonné d'être obligé de procurer de l'eau à des voyageurs. Au lieu de cuvette, on nous apporta une immense turbotière en cuivre, qui servait à la cuisine et qu'on nous pria de ne pas garder trop longtemps, parce que le chef en avait absolument besoin pour le prochain repas. Quand nous vîmes combien ces gens étaient inquiets de l'usage que nous allions faire de leur turbotière, nous la leur renvoyâmes, mais en échange nous leur demandons plusieurs seaux d'eau qu'on nous apporta immédiatement, et nous pûmes nous livrer à un nettoyage *in naturalibus* dans notre chambre dont le plancher se trouva être lavé, ce qui ne lui était pas arrivé depuis son établissement.

Un an après, nous revînmes à Erivan, l'hôtel possédait deux cuvettes et un pot à eau ; aussi fût-on heureux de nous les montrer par ostentation. Dans l'intervalle, M. et Mme Meyniel (1) étaient passés par

---

(1) M. Meyniel, chef d'escadron d'État-Major, était alors attaché militaire à l'ambassade de France à Constantinople.

Erivan et c'était probablement la présence d'une dame qui avaient fait arriver au pied de l'Ararat la cuvette et le pot à eau qu'on nous offrait avec une si complète satisfaction.

Tout à côté de l'hôtel est la grande place sur laquelle est situé le palais du Gouvernement. A droite est un jardin arrosé par un ruisseau ; c'est là que les troupes de la garnison campent sous les tentes pendant les grandes chaleurs. La place se continue le long du jardin ; tout au fond sont les caravansérails et en arrière, faisant face au palais du Gouverneur, les arcades des premières maisons du Bazar.

Le bazar d'Erivan est, je crois, le plus curieux de tous les bazars du Caucase ; il est établi sous de grandes galeries, en pisé, recouvertes de chaux. Les portes sont en ogives persanes et des nattes couvrent les galeries, empêchant le soleil d'y pénétrer. Presque tous les établissements sont tenus par des Persans accroupis sur le devant de leur boutique, la tête recouverte de papache noir. Ils attendent les acheteurs. On trouve là des petites calottes brodées comme en portent les artisans de ces contrées, ou bien des étoffes de Perse, et toute espèce de denrées. Il y a le quartier des bouchers, celui des armuriers, celui des chaudronniers, et surtout celui des céramistes. Ces derniers ont leur établissement en plein air sur une des places du Bazar ; leurs marchandises sont installées sous de grands hangars Plus loin, à l'extrémité de la ville, sont les fours.

La poterie est une industrie spéciale, à Erivan ; on y fait des vasques bleu-turquoise, destinés à tous les usages domestiques. Les potiers obtiennent le bleu - turquoise au moyen d'une certaine pierre qui provient de l'Ararat. Il s'est formé sur les flancs de cette montagne, par suite d'éruptions volcaniques, une cristallisation que le cuivre contenu dans les environs a coloré de cette teinte si chère aux amateurs. On recueille cette pierre, on la broie, et on en recouvre les vasques : la pierre se liquéfie et se cristallise comme de l'émail ordinaire.

On fabrique aussi, en dehors de ces pots bleus, des vases de toutes sortes, de forme simple, que l'on pourrait appeler biblique : ces types doivent exister de temps immémoriaux, c'est avec une de ces cruches que l'on représente sans cesse Rebécca présentant de l'eau à Eliœer.

Derrière le bazar se trouve une charmante mosquée, entièrement construite en briques de la couleur des poteries citées plus haut. Son minaret se dresse, élégant et frêle, au milieu des plus grands arbres que possède Erivan.

Au devant de la mosquée, est un bassin à jet d'eau ; de l'autre côté, faisant face à la mosquée, une école construite sur le même plan et de la même façon. Les deux monuments sont reliés par des constructions en galeries, qui servent de lieu de réunion pour Mollahs (prêtres) ou de salles d'études pour les enfants.

L'eau et les arbres sont un changement complet avec le reste du pays, et entretiennent en cet endroit une fraîcheur que l'on chercherait en vain dans le reste de la ville. En lisant ces lignes, on peut trouver qu'il est bien naturel d'apercevoir des arbres dans un voyage ; mais ceux qui ont visité l'Orient et parcouru des pays arides, n'ont jamais passé devant un bouquet d'arbres, sans ressentir un certain plaisir, et chaque fois que cela leur est arrivé, ils en ont conservé le souvenir comme celui d'un incident marquant et agréable ; aussi dans la narration de notre voyage, nous signalerons souvent l'existence des arbres. Le lecteur comprendra que la verdure était pour nous un spectacle d'autant plus extraordinaire, que nous avions perdu en quelque sorte l'habitude d'en voir. Il était quatre heures environ quand nous entrâmes dans le jardin de la mosquée. C'était l'heure où de nombreux musulmans venaient se purifier à la fontaine pour aller prier ensuite. Des enfants, réunis par groupes, lisaient le Coran à haute voix, d'autres écoutaient en silence leurs professeurs. Un peu plus loin, trois ou quatre mollahs avec leur turban blanc de hadjis et de longues barbes, discutaient entre eux avec le plus grand calme, ayant tous un gros livre ouvert sur les genoux. Nous quittâmes la nouvelle mosquée pour nous rendre à l'ancienne, située au Sud de la ville, au milieu de la citadelle persane, ouvrage à deux enceintes en pisé, avec des tours rondes en avancée, le tout couvert par un large fossé.

Le palais du Serdar est situé le long du front du parapet au-dessus de la Zeuga. C'est là qu'habitait Hussein, le dernier des gouverneurs persans. Toute son habitation est restée intacte. On y a une vue ravissante sur Echmiadzin et de l'Alagoz. Les peintures persanes et les petites glaces à facettes ornent encore tous les murs : la façade est bordée d'un joli plan de rosiers. Un peu plus loin, dans l'intérieur de la citadelle, sont les ruines des casernes et des magasins, aujourd'hui détruits, et la fameuse mosquée d'Erivan, dont il ne reste plus que quelques débris ravissants. Ce fut en 1827 que Paskiewitch enleva cette citadelle. Après avoir canonné les murailles pendant quelques heures, il y ouvrit une large brèche du côté de la ville, et y lança une colonne d'assaut qui pénétra dans l'enceinte sans coup férir. En même temps, par un mouvement tournant, une autre colonne escaladait la falaise de la Zeuga, et pénétrait par la droite dans le palais du Serdar. Les Persans abandonnèrent leurs positions et, du coup, l'Arménie fut conquise jusqu'à l'Ararat et Ordoubat.

Nous franchîmes les deux enceintes par une des brèches encore existantes et nous visitâmes en détail la mosquée. Elle est aujourd'hui complètement abandonnée : tous les revêtements en faïence, qui sont élevés au-dessus du sol de moins de deux mètres, sont actuellement détruits. Quelques plaques ont été transportées à Tiflis ; les autres ont été détruites par le temps, les voyageurs et la garnison.

La mosquée a la forme d'un parallélipipède très allongé du côté de sa façade ; au centre, est un dôme en briques vernissées avec une frise de plaques de faïence blanche, relevée d'inscriptions bleu-turquoise. La porte du milieu est en ogive persane surmontée d'un couronnement d'arabesques blanches sur fond jaune et entourée d'une inscription blanche sur fond bleu, ce qui permet de faire remonter l'existence de ce monument au règne du schah Abas-le-Grand. De chaque côté, sont deux autres portes surmontées de deux grandes fenêtres semblables. L'espace laissé entre chaque porte est rempli par un panneau polychrôme sur fond bleu, représentant un bouquet dans un vase. C'est le plus beau décor d'ornementation que j'aie jamais vu.

La mosquée s'élève sur un des côtés d'une cour carrée, dont toutes les autres faces, autrefois construites, sont actuellement en ruines. Les murs de pisé restent debout encore et leur teinte gris-jaunâtre sert de cadre et de repoussoir à l'éclatante polychromie du monument, recouvert de faïences. Il y a quelques années, la mosquée, quoique abandonnée, était à peu près intacte, et il eût été possible de la conserver, en la consolidant ou en transportant ses débris dans des musées. Aujourd'hui, le temps et les indigènes ont considérablement détruit les panneaux de céramique, et il n'est plus possible de sauver de la destruction, ces magnifiques morceaux de l'architecture persane. Lorsque nous quittâmes la mosquée, le jour commençait à tomber, nous nous dirigeâmes sur le caravansérail.

A l'approche de la nuit, les caravanes y affluaient de toutes parts ; les ouvriers rentraient également. Toute la grande place d'Erivan était occupée, le long du bazar, par des groupes de 12 à 15 persans, réunis en cercle autour d'une marmite, dans laquelle chacun d'eux puisait au moyen d'une cuiller en bois. Les marchands du bazar fournissent ainsi de la soupe, tous les soirs, à des bandes de persans qui mangent ainsi en commun pour quelques kopecks. Pendant l'été, tous ces travailleurs dorment en plein air, étendus sur un matelas ou enveloppés dans une couverture, soit par terre, soit sur les terrasses des maisons.

Dans le haut de la place et dans toutes les cours des caravansérails, s'empilaient chameaux, chevaux et mulets : les premiers se couchaient sans même attendre qu'ils fussent déchargés ; les chevaux et les ânes se rangeaient et s'attachaient à des piquets : Partout des conducteurs Persans et Tartars alignaient leurs animaux, leur apportaient du fourrage. D'autres, plus tôt arrivés, ayant terminé leur besogne, s'étendaient à terre sur des nattes, après avoir fait au centre de la cour une pyramide des ballots de marchandises retirées du dos des bêtes de somme ; le soleil presque baissé colorait ces divers tableaux en allongeant les ombres. Nous sortîmes d'un caravansérail pour revenir à la grande place. De chaque côté de la route, étaient accroupis des chameaux portant des charges de poterie, à l'usage des campagnes. A quelques pas de nous, une longue file de chameaux arrivait, et du mamelon où nous étions, on les voyait poindre et se profiler à l'horizon sur le fond du ciel ; comme la nuit était presque arrivée, nous dûmes rentrer.

Erivan compte environ 14,000 âmes ; en dehors de l'armée et de l'administration, la population est moitié arménienne et moitié persane.

Les persans sont chiites, c'est-à-dire sectateurs d'Ali. Ce sont les puritains de l'Islamisme. Les Russes les appellent Tatars comme tous les peuples musulmans. Il paraît très vraisemblable que malgré leur langage, qui est le turc de l'Azerbeidjan, ils sont iramiens, comme les habitants du Sud de la Perse. Ils ont un nez aquilin très prononcé, le menton fuyant et des grands yeux noirs. Ils sont serviables, relativement honnêtes et très durs à la fatigue. Ils marchent indéfiniment sans prendre de repos. Les Arméniens se sont toujours vus fortement maltraités dans les récits de voyage par les voyageurs qui les ont fréquentés ; ce peuple ne doit cependant pas manquer de qualités ; mais ils les cachent soigneusement aux étrangers, pour ne leur faire voir que leurs défauts. Ils sont fourbes, menteurs, voleurs. Presque tous font l'usure et toutes les propriétés du Caucase sont aujourd'hui entre leurs mains. Ils sont d'origine sémitique et, comme les Juifs, ils ont eu un royaume et une histoire. Leur plus célèbre historien, Moïse de Koréne, porte le même nom que l'auteur de la Genèse ; toujours comme les Juifs, ils sont actuellement dispersés par le monde, sans patrie.

Les Russes et tous les autres peuples qui les approchent, les détestent profondément. Il suffit à un étranger d'être reçu par la société arménienne à Tiflis, pour qu'il se voit invariablement fermer toutes les autres portes.

Les Arméniens sont instruits, tous savent lire, écrire et parler plusieurs langues. Aucun d'eux n'est dans la misère. Ils ont joué un rôle important dans toutes les guerres entre les Russes et les Turcs, en servant d'espion pour celui des deux États qui leur offrait davantage.

Les Arméniens de la province d'Erivan ne sont pas originaires de ce pays. Ils vinrent y habiter en 1828, lors de la conquête de cette province par le général Paskiewitch, préférant devenir les sujets du czar, que rester sous la domination du grand seigneur.

Nous passâmes la nuit, à Erivan, dans une chambre du fameux hôtel, dont nous avons déjà dit quelques mots : notre sommeil fut agité, car nous dûmes livrer une bataille incessante contre une multitude de petits insectes, fils de l'Orient. Mais ce ne fut pas le seul inconvénient avec lequel nous eûmes à compter : toute la nuit, les gardiens des divers magasins du bazar ont coutume de pousser des cris longs et prolongés, soit pour s'empêcher mutuellement de dormir, soit pour s'appeler les uns les autres, comme les sentinelles d'un chemin de ronde, qui, de quart d'heure en quart d'heure, lancent dans l'air cette exclamation : « Sentinelle, prenez garde à vous ! »

Impossible de prendre le moindre repos.

Le lendemain matin, en réglant notre compte, nous fîmes observer à l'hôtelier que les lits de notre chambre étaient déjà occupés par d'autres voyageurs. Avec un sang-froid imperturbable, il nous répondit : « Vous avez bien tort de vous plaindre, messieurs, car nous ne sommes qu'au mois de mai. Ça serait bien autre chose si vous veniez au mois d'août ! »

Aussitôt notre compte réglé, nous partons pour *Echmiadzin* ; nous traversons d'abord la *Zeuga*, qui coule aux pieds de la citadelle, et nous longeons les derniers jardins d'Erivan. Bientôt, la plaine se montre sous son aspect dénudé, qu'on retrouve sur presque tous les bords de l'Araxe.

De temps à autre, nous rencontrions des cigognes perchées sur leurs longues jambes. A moitié chemin, nous dépassons un immense champignon de granit, se dressant fièrement sur un monticule. Ce monument imposant, qui rappelle ceux des Druides, paraît être un seul bloc de roche. Il est de forme ronde et mesure environ 50 mètres de circonférence sur 6 ou 7 mètres de hauteur. Il est composé à la base de morceaux de pierre, semblable à ceux des Menhirs de Gavr'inis et d'un couronnement qui surplombe le tout.

Après avoir franchi 22 verstes, nous apercevons un bouquet de bois, qui nous fait pressentir le voisinage de la ville sainte des Arméniens.

Echmiadzin est une petite ville qui, par elle-même, présente peu d'intérêt : on y compte de trois à quatre mille âmes. Quelques maisons sont construites à la russe et badigeonnées de blanc.

Le chef de district, M. Khanamoff, est un homme fort aimable, qui nous reçut de la façon la plus gracieuse et qui se mit entièrement à notre disposition.

Les seuls intérêts d'Echmiadzin sont sa cathédrale et son couvent. Nous allâmes vers l'église, qui est un monument du XIIIe siècle environ, et dont le portail est orné de petites colonettes, de style bizantin dégénéré ; l'intérieur n'a rien de frappant.

En sortant de l'église, on entre dans le couvent, que clôt un mur en torchis. On y remarque un grand bassin carré, creusé de main d'homme, presqu'aussi considérable que la pièce d'eau des Suisses. C'est le père de M. Khanamoff, alors chef de district d'Echmiadzin, qui a conçu et exécuté ce travail, si utile à la population. Sur la berge est une allée bordée d'arbres fruitiers. La végétation d'Echmiadzin doit à ce bassin d'être beaucoup plus prospère que le reste de l'Arménie, car il ne pleut pour ainsi dire jamais dans ces contrées.

C'est dans les bâtiments du couvent qu'habite le *Catholikos*, ou pape des Arméniens-Grégoriens. Ce patriarche tient son pouvoir de la possession d'une relique de Grégoire l'illuminé, apôtre de l'Arménie. Cette relique consiste dans le bras du saint enfermé dans un reliquaire d'or et d'argent, également en forme de bras ; elle ne doit jamais quitter Echmiadzin. C'est la raison pour laquelle le Patriarche lui-même une fois nommé, ne doit pas non plus s'en éloigner. On comprend que le Patriarche de Constantinople, par exemple, ne tienne pas beaucoup à quitter les rives du Bosphore où le gouvernement du sultan est des plus tolérants, pour aller s'enfermer au fond de ce hameau du Caucase où il devient presque l'inférieur du chef de district qui, agissant au nom du czar, est toujours prêt à empêcher ce qui pourrait déplaire au gouvernement russe.

Il y a plus de trois ans que le dernier *Catholikos* est mort ; il était très hostile aux russes. Longtemps il fut question de nommer à sa place le patriarche de Constantinople. Soit qu'il préférât le séjour de Bizance à celui d'Echmiadzin, soit qu'il ne trouvât pas dans les promesses du gouvernement du **Tzar** des garanties suffisantes , il refusa toujours le poste suprême où l'appelait le vote de tous les évêques Arméniens. est, depuis, mort subitement à Constantinople. Il est possible que cet événement laisse sans titulaire le siège de *Catholikos*. Le gouvernement Russe tiendrait cependant beaucoup à ce que cette dignité soit occupée, parce qu'il espère arriver à faire nommer un titulaire qui lui serait tout acquis, cela lui permettrait d'user d'une influence considérable sur sept à huit millions d'Arméniens répartis pour la plupart sur la frontière russo-turque au Nord de la Mésopotamie.

Il y a au couvent d'Echmiadzin un nombre considérable d'évêques et d'archevêques , tous assez instruits.

On nous donna l'un d'eux pour nous conduire dans le couvent et nous faire voir le Trésor dont les Arméniens font tant de bruit. Les objets y sont exposés dans des vitrines disposées le long des murs et au centre de plusieurs salles. Les bâtons des catholikos nous parurent être les pièces les plus intéressantes, malgré l'ancienneté très considérable qu'on leur assigne, je ne crois pas qu'ils aient plus de deux ou trois siècles : ce ne sont pas des crosses , mais une béquille dont les extrémités sont terminées par des têtes de lions ; il y en a en ivoire surtout, d'autres sont en or et en argent. Parmi les prétendues merveilles d'orfèvrerie religieuse d'Echmiadzin , nous ne pourrions guère citer qu'un reliquaire carré destiné à être porté sur le vêtement, rappelant par sa forme un fermail orné de filigranes et d'émaux champlevés; il m'a paru être de travail occidental (peut être de Limoges?). A ce fermail , j'ajouterai la croix de Petros (Saint-Pierre) également en filigrane. Les mîtres, les encensoirs , les vases divers dont on nous faisait admirer la beauté , nous ont paru être du XVIIIᶜ siècle , sans style défini mais fort laids.

Nous montâmes ensuite à la Bibliothèque ; on y voit une grande quantité de manuscrits Arméniens, dont quelques-uns, paraît-il, sont fort anciens (VIIᵉ et VIIIᶜ siècles), mais malgré le grand éloge qu'on nous faisait des miniatures de ces manuscrits , pas une seule ne nous parut fine ; c'était presque toujours des sujets religieux de style byzantin d'assez basse époque, mal traités pour la plupart. Le couvent d'Echmiadzin passe cependant pour posséder un dépôt merveilleux de manuscrits, et les Arméniens sont assez adroits pour le faire valoir. Si les trésors de la Bibliothèque du couvent son inestimables au point de vue historique ou religieux, ce qui est assez difficile d'apprécier quand on ne sait pas l'Arménien, au point de vue artistique le dépôt est presque nul.

A midi, nous quittons le couvent, non sans avoir remercié les évêques et après un excellent déjeuner chez le chef du district, nous nous dirigeons sur *Igdir*, en troïka, bientôt nous arrivons sur les rives de l'Araxe, au milieu d'un orage effroyable qui nous empêche de voir à quelques pas devant nous. Pendant que l'on dételle les chevaux, la trombe s'abat sur nous ; tout le temps que dura l'orage, il ne tomba pas une goutte d'eau, mais le sable s'était soulevé en si grande quantité sous l'action du vent, qu'on ne se voyait plus, et les éclairs ne cessaient de se succéder rapidement. La trombe s'éloigna, et nous vîmes les tourbillons de poussière qui nous avaient enveloppés quelques instants auparavant, suivre la vallée de l'Araxe en se dessinant sur la base de l'Ararat qui nous fermait l'horizon. Deux fois nous parcourûmes la route d'Echmiadzin à Igdir et deux fois le même phénomène se reproduisit.

On rencontre souvent sur la route, des Kurdes ; ce sont de vrais brigands. Au sortir d'Erivan, nous en croisâmes une bande de 25 à 30, cavaliers et fantassins. Nous les arrêtâmes pour demander à l'un d'eux de nous vendre un bouclier : le prix fut fortement discuté, mais l'affaire fut conclue.

Nous rencontrâmes aussi, non loin de l'Araxe, un officier Turc et deux Zaptiés (gendarmes turcs), en uniforme, armés jusqu'aux dents. C'était l'escorte du consul d'Angleterre de Van, qui s'était rendu peu de temps auparavant à Tiflis ; leur mission accomplie, ces braves gens rentraient dans leur garnison. On voit que dans ces contrées lointaines, Russes et Turcs ne se tiennent pas absolument aux règles ordinaires admises en Europe sur la question des frontières.

Igdir est un chef-lieu de district, dont toutes les maisons sont construites en pisé à toits plats ; la ville est traversée par une petite rivière à mille contours, bordée de saules nains.

Lorsqu'on arrive le soir dans cette ville, elle est remplie de grands chiens très méchants ; tous les habitants Tatars se mettent sur le pas des portes pour jouir de la vue des voyageurs et les regardent d'un air effaré comme des gens que l'on n'est pas habitué à voir tous les jours et ils les saluent avec le plus profond respect.

Nous descendîmes à la station de poste vers huit heures du soir. Immédiatement le chef de district, accompagné de son sous-chef et d'un certain nombre de cosaques, portant des falots, vint au-devant de nous et insista d'une **façon si aimable** pour nous faire descendre chez lui , que nous ne pûmes lui refuser.

Nous sortîmes donc, et nous suivîmes le chef du district chez lui , non sans avoir prié les cosaques de mettre pied à terre et de chasser avec leur *chaska* les chiens, dont les aboiements sauvages démontraient clairement que nos mollets étaient pour eux un objet de convoitise.

Après avoir longé quelques minutes la rivière, nous arrivâmes à la lueur des falots chez M. Goktchaïeff chez qui nous nous réconfortâmes mais qui, malgré toutes ses instances, ne put nous retenir pour passer la nuit.

Sur notre demande, le chef de district voulut bien s'occuper de nous faire transporter, malgré l'heure avancée, jusqu'à *Tasch-Boroun*, où nous désirions coucher pour nous rendre le lendemain matin à *Alalik*. Il fit venir successivement le commandant de Tchapars et le chef de la station de poste. Quoi qu'il n'y eût point de route jusqu'à Tasch-Boroun, il ordonna à ce dernier d'atteler deux troïkas, puis au bout de quelques instants, les voitures étaient devant la porte entourée de Tchapars. Nous quittâmes M. Goktchaïeff, non sans le remercier de l'hospitalité qu'il nous avait offerte et de l'empressement qu'il avait mis à préparer notre départ.

Nous longeâmes d'abord le cours de l'Araxe : au premier poste de cosaques que nous rencontrâmes , le Yunker qui les commandait monta à cheval avec quelques cavaliers qui y grossirent notre escorte.

Il y avait près d'une heure que nous étions partis, lorsque le ciel s'obscurcit complétement ; nous n'étions pas éloignés d'un village ; un cosaque se détacha et alla réveiller le Starchina (Maire) en lui disant de monter à cheval et de nous servir de guide jusqu'au prochain village.

Il nous conduisit au milieu de fondrières et de ravins ; les voitures montaient sur des rochers, puis retombaient lourdement sur le sol. Nous descendîmes dans le lit d'un ravin, et, pendant vingt minutes, il nous servit de chemin. Nous en sortîmes pour passer à travers champs, où nous subissions de tels cahots que mon frère, en riant, ne put s'empêcher de dire :

« Nous avons retrouvé le chemin, car ce ne peut être que sur une route que l'on est ainsi secoué. »

Enfin, malgré la pluie, le froid et l'obscurité, nous arrivons au pied d'un village : les troïkas s'arrêtèrent devant les premières maisons, et un cosaque se préparait à aller trouver le starchina , lorsque plusieurs coups de feu traversèrent l'obscurité, des balles sifflèrent autour de nous et un des chevaux s'abattit ; mon frère, saisissant son révolver, ordonna au chef des cosaques de commander le feu. Ce dernier, comprenant qu'il y avait une méprise, engagea ses hommes à se tenir tranquilles et pria mon frère de lui accorder le temps nécessaire pour parlementer. Après quelques mots échangés avec deux ou trois individus dont nous vîmes les silhouettes sur les toits , le Yunker nous fit savoir qu'on s'était trompé et qu'on nous avait pris pour des hyènes, méprise qui, pour le moment, nous parut des plus bizarres.

Les habitants du village nous proposèrent de nous donner l'hospitalité, mais nous refusâmes leur offre ; nous contentant de faire monter à cheval le starchina, qui remplaça son collègue du village précédent.

Nous repartimes dans l'obscurité ; une demi-heure après nous étions au bord d'un ravin qui semblait très profond ; nous entendions l'eau couler sur les cailloux à quinze mètres au-dessus de nous. Le starchina nous déclara alors qu'il s'était égaré et que vu l'obscurité , il lui était impossible de retrouver son chemin. Il pouvait bien être une heure du matin. Impossible d'allumer du feu, car il n'y avait pas même d'herbe autour de nous et nous étions trempés. Nous envoyâmes alors des cosaques à la découverte dans toutes les directions, et au bout de quelques minutes, l'un d'eux revint en nous criant qu'il avait retrouvé le village de Tach-Boroun, et qu'il ne nous restait plus qu'à le suivre pour y arriver.

Un quart d'heure après, nous étions à Tach-Boroun, mais durant ce trajet, nous supportâmes des soubresauts comme jamais aucune voiture n'en fit. Il fallut que ces troïkas fussent construits d'une façon merveilleuse pour pouvoir supporter de pareils chocs. Le starchina de Tach - Boroun nous attendait sur le seuil de la maison de ville ; des torches fumeuses éclairaient la grande salle consacrée aux délibérations du Conseil de la commune. Au centre , était une table de bois non équarri ; les murs en pisé étaient entièrement nus. Notre souper fut rapidement terminé, puis nous nous roulâmes dans nos couvertures, et, 5 minutes après, nous dormions.

A quatre heures et demie du matin , nous étions réveillés par le Yunker , qui tenait à ce que nous arrivions de bonne heure à Alalik, afin de ne pas être trop incommodés par l'intolérable chaleur qui règne sur le sable arménien vers le milieu du jour. Aussitôt sur pied, nous nous rendîmes à deux pas de la maison de ville à la rivière, afin de nous laver.

Un spectacle bizarre nous attendait là : à quelques mètres de l'endroit où nous nous étions installés pour nos ablutions, se trouvait un pont très bas. Comme aux temps bibliques, les femmes ainsi que les filles du pays, descendues du village, venaient chercher de l'eau avec de grandes cruches de forme élégante, qu'elles portaient sur l'épaule. Toutes étaient voilées jusqu'aux yeux, des médailles d'or ou de cuivre pendaient sur leur front ; elles portaient une large chemise flottante, ouverte sur la poitrine et un vaste pantalon à la turque, le tout de couleur rouge, jaune ou bleue ; elles étaient nu pieds, et venaient par files, rappelant celles des Danaïdes. Elles puisaient toutes de l'eau, remettaient leur vase sur leur épaule et s'en retournaient. Le groupe des femmes, aux tons voyants, se détachait sur un fond de maisons couleur de terre et quelques arbres verts foncés, et le soleil levant accentuait encore le contraste de tonalité du premier et du second plan.

Quelques minutes après, nous avions quitté Tach-Boroun. Nous étions montés sur des chevaux du pays avec des selles asiates, espèce de bâts invraisemblables, sur lesquels les Européens ne peuvent pas trouver une position convenable. Nous cheminâmes assez longuement, non loin des bords de l'Araxe, et vers 11 heures environ, nous arrivions à Alalik. Nous longeâmes d'abord les murailles de la citadelle, occupée par le régiment de cosaques d'Oumenski ; nous entrâmes ensuite dans l'intérieur par le pont-levis. Une sentinelle placée sur une tour en bois, à la porte, avait signalé notre arrivée. Immédiatement, des officiers vinrent au-devant de nous, et nous transmirent les excuses du colonel qui n'était pas là pour nous recevoir. On nous offrit une chambre dans laquelle deux lits avec des matelas avaient été dressés.

Les officiers nous firent ensuite les honneur de la caserne et nous invitèrent à prendre part à un déjeuner, ce qui fut accepté avec reconnaissance. L'un des officiers était Kurde ; il était le neveu du fameux Djaffah-Agha.

Djaffah-Agha, mort quelque temps auparavant, avait été le principal chef des Kurdes des environs de l'Ararat, il avait été nommé général-major dans l'armée russe et officiellement chef de ses compatriotes du gouvernement d'Erivan.

Très fier de son grade, il portait, sans jamais les quitter, sa paire d'épaulettes sur son costume national ; sa nomination l'avait beaucoup flatté et il avait été depuis, par ce seul fait, tout dévoué au gouvernement russe, et toute sa vie il maintint ses concitoyens dans la plus stricte obéissance aux autorités, et lorsqu'il mourut, ses tribus étaient complètement assimilées et soumises.

Son neveu était un grand gaillard aux moustaches teintes de henné ; il avait les traits forts durs, sans de belles lignes. Au contraire, un de ses cousins, qui servait dans ce régiment, comme simple soldat, présentait un type superbe. C'était le plus grand homme de sa sotnia. Au lieu de porter, comme les autres cosaques, un papache, il avait le grand turban Kurde. Le reste de son costume était d'ordonnance. En tant qu'homme, il pouvait au physique, répondre aux exigences les plus difficiles. Il avait des grands yeux noirs, le nez aquilin, les lèvres très minces, le menton rond et le teint très mat. Nous retrouverons plus tard, chez d'autres Kurdes, des types semblables.

Le déjeuner fut très animé et fort bon, mais nous ne fûmes pas médiocrement surpris, lorsqu'au dessert on nous servit des glaces à la vanille. Nous en primes à plusieurs reprises sans pouvoir revenir de notre étonnement, car jusqu'ici nous ne pouvions supposer que le cuisinier d'un régiment de cosaques, campé au pied de l'Ararat, pût ainsi surpasser Tortoni ou Imoda ; jamais je n'ai mangé de glace aussi bonne qu'à Alalik. Nous fîmes une légère sieste en sortant de table par une chaleur torride. Aussitôt sur pied, nous vîmes arriver dans la salle de la réunion, un Tatar, à l'air calme mais important. Son papache tenait sur le derrière de sa tête par un prodige d'équilibre ; il avait un long et large kandjar sur le ventre, un sabre en bandoulière, plusieurs pistolets à la ceinture et un fusil long de deux mètres sur l'épaule. Nous pensions avoir devant nous un brigand redouté : il suait à grosses gouttes, il était suivi de quelques tatars qui s'étaient arrêtés et tenaient des chevaux par la bride, dans la cour du quartier. Le major Kosmenko, qui commandait le régiment, lui dit quelques paroles assez rapides : le Tatar se retira dans la cour, où il se tint immobile avec les hommes et les chevaux.

Nous demandâmes quel était ce guerrier à l'aspect si redoutable. On nous répondit : C'est Ibrahim, fils d'Ismaïl (starchine) maire d'Alalik. Nous étions fort étonnés de voir remplacé l'écharpe municipale de cet officier civil, d'ordinaire si pacifique dans nos villages, par un pareil accoutrement d'armes.

Ibrahim venait dire au major Komensko que, prévenu le matin de notre arrivée, il avait couru toute la matinée pour chercher des chevaux dans la montagne, afin de nous permettre d'aller coucher le soir au col de l'Ararat, à Saïdar-Boulak. Le major nous pria de ne pas nous préoccuper de ces chevaux, attendu que le régiment nous en fournirait d'autres.

Nous causions depuis quelques instants, quand un sous-officier de cosaques vint prévenir le major que tout était prêt. Nous sortîmes : la sotnia était à cheval, rangée en bataille sur deux rangs, dans le fond de la cour, ses trompettes à la droite.

Chaque cavalier, coiffé du papache, et la poitrine couverte de cartouches, avait son fusil en bandoulière dans un étui de peau de loup ou de peau d'ours à longs poils pendants, ce qui donnait à chacun un air tout-à-fait cosaque. Les officiers étaient à cheval au milieu de la cour, puis çà et là, des Tatars, des Persans à peu près nus, des Kurdes tenant des chevaux ou des mulets, sous la direction d'Ibrahim qui, toujours couvert de ses armes, était monté sur un petit cheval blanc et donnait des ordres à tout le monde. Deux cosaques tenaient par la bride les chevaux qui nous étaient destinés. Le soleil était encore brûlant et donnait à cette scène une coloration particulière qu'on ne voit qu'en Orient. Cet assemblage de cosaques, d'hommes de diverses nations et de bêtes de somme, se détachait sur un fond et un cadre superbe. Au premier plan, les casernes, casemates faites en torchis ; par derrière, le parapet du retranchement de la citadelle, puis des petits bouquets d'arbres bordant les rives de l'Araxe, puis enfin, dans le fond, à l'horizon, le plateau d'Arménie tout couvert de volcans, ayant à sa gauche la cîme neigeuse de l'Alagoz, et à sa droite les montagnes, également blanches, du Karabach. Derrière nous, était l'Ararat.

Aussitôt que nous fûmes à cheval, la sotnia s'ébranla, les trompettes en tête, le major Kosmenko et nous ensuite, les cosaques par derrière. Enfin, en queue de la colonne, Ibrahim avec toute sa caravane, qui portait nos bagages, des couvertures, des vivres et surtout le meuble indispensable des Russes : le samowar.

Nous étions sur un terrain de sable, parsemé de petites touffes d'herbe, assez rares ; des milliers de lézards couraient à travers les jambes de nos chevaux. Non loin de nous, sur notre droite, on voyait une montagne de sable rouge, récemment surgie du sol. Le major nous demanda si nous voulions nous mettre au galop. Nous partîmes suivis de tout le régiment, des Tatars et des Kurdes, qui, en véritables irréguliers, exécutèrent une fantasia des plus brillantes, accompagnée de coups de fusils, de grands cris et d'exercice de lance très curieux. Nous sautions par-dessus les ravins, franchissant des blocs de rochers ; l'aspect était changé depuis Alalik ; nous trouvions alors des ravins profondément encaissés, dont il fallait descendre et remonter les bords. Nous nous heurtions sans cesse à des blocs de granit qui avaient été projetés par l'éruption d'un des volcans de l'Ararat. Toute verdure avait disparu. Nous n'en vîmes plus qu'aux premiers contreforts de la montagne, qui semblaient se rapprocher de nous. Le jour commençait à baisser ; nous apercevions des feux, avec de grandes masses noires ; c'étaient les tentes de trente villages Kurdes qui étaient venus, sur l'ordre du colonel, camper au pied de l'Ararat. A mesure que nous nous approchions, nous entendions les chiens aboyer. Les cosaques étaient dispersés au hasard de la marche, et, à différentes reprises, on entendait les trompettes sonner le ralliement dans la plaine. Il était presque nuit : tout d'un coup, plusieurs cosaques envoyés en éclaireurs, revinrent sur nous en poussant des cris. Ils étaient suivi de plusieurs Kurdes. Le major Kozmenko comprit vite ce qui se passait, et se retournant vers nous, il nous dit ce seul mot : *Baba !* C'est le nom du starchina des Kurdes d'Azalik, qui passe dans le pays pour être monté plusieurs fois au sommet de l'Ararat. Nous nous approchâmes de lui et lui tendîmes la main. Pour nous saluer, il porta d'abord la main droite à sa tête, puis à son cœur, en témoignage de l'esprit et du cœur qu'il mettait à notre disposition. Il baisa notre manche et vint se placer derrière nous.

Contrairement à l'usage des Kurdes, il ne portait pas de lance, il avait un fusil que les anglais lui avait donné. Comme les Kurdes se trouvent campés sur les frontières de la Turquie et de la Russie, les anglais leur ont fait parvenir des armes à tir rapide, dans l'espoir de les voir créer un jour des difficultés au gouvernement russe.

Les agents du Royaume-Uni ont été déçus dans leur espérance, car les Kurdes sont aujourd'hui entièrement soumis aux russes.

Baba a une figure très caractéristique, le nez aquilin, les moustaches brunes couvrant ses lèvres, le menton fuyant, les yeux perçants fendus en amades. Il parle le russe, le kurde et le tatar : il est entièrement dévoué aux Russes.

Baba était donc à notre disposition, avec tous les Kurdes de la montagne.

Nous passions au milieu des campements, c'étaient des tentes noires très basses, ouvertes sur le devant ; tout autour des tentes se distinguaient des troupeaux. Chaque village était garni de palissades en claies, recouvertes de feutre. Les chiens qui aboyaient de plus, couraient çà et là derrière les clôtures, prêts à se jeter sur ceux qui voudraient les franchir.

Vers dix heures, nous arrivâmes sur les bords d'un grand ravin, dans l'angle d'un rentrant de la montagne. D'immenses falaises de verdure, presqu'à pic, s'élevaient au-dessus de nous, elles formaient la base de l'Ararat ; puis plus haut encore, la neige des glaciers brillait aux reflets de la lune.

Du côté opposé à la montagne, des villages kurdes formaient un demi-cercle. Les hommes étaient rangés autour de notre bivouac avec leurs lances et leurs boucliers.

En un instant, les cosaques sautent à bas de leurs chevaux, les dessellent et les laissent en liberté dans la montagne ; ils dressent des tentes et allument des grands feux.

Nous nous assîmes devant l'une des tentes, près d'un brasier de broussailles. Les Kurdes amenaient des moutons, à ce moment. Les cosaques en dépecèrent un certain nombre, et, de toutes parts, on commença à faire le sïchlick (c'est-à-dire du mouton grillé). Tantôt c'était le mouton entier que l'on enfilait sur une baguette de fusil et que l'on tournait au-dessus de la flamme pour le faire cuire également. Tantôt c'étaient des morceaux de foie ou de rognons que l'on mettait à la broche, tandis que le reste de l'animal était coupé par petits morceaux et rôti sur un bouclier. Lorsque les moutons furent cuits, nous fîmes sous la tente un excellent repas, grâce au pain et au vin que nous avions apportés avec nous et au thé que les cosaques ne manquèrent pas de faire. Ibrahim s'assit au milieu de nous, sans quitter son calme. En véritable croyant, il refusa de toucher à des plats que des infidèles mangeaient. On lui apporta alors une vaste écuelle pleine de lait caillé : Il la mit devant lui, prit une cuiller en bois, et, sans faire un mouvement plus vite l'un que l'autre, il prit tranquillement une cuillerée de lait et la porta à sa bouche, sans s'inquiéter de rien. Jamais nous n'avons vu quelqu'un remplir un sacerdoce avec une pareille conviction et une dignité semblable.

Le major Kozmenko commença les toasts, nous y répondîmes en buvant à l'avenir de la Russie et à la gloire du Tzar. Alors le major réunit sa sotnia, la forma en bataille, et répliqua à notre toast par le cri de : « *Vive la France !* » et par un feu de salve des Cosaques.

Trois fois ainsi il commanda le feu au régiment d'Oumenski, et trois fois les échos de l'Ararat portèrent au loin en Perse et en Turquie, le bruit de ces salves, faites en l'honneur de la France.

Nous nous couchâmes assez tard, dans une tente dressée pour notre usage particulier. Des couvertures y avaient été apportées, et nous dormîmes d'un profond sommeil jusqu'à deux heures et demie du matin. Baba vint alors nous éveiller ; les trompettes des Cosaques sonnaient la diane, l'obscurité était complète, la lune était cachée derrière la montagne. On voyait encore à la place de notre bivouac, les feux de la veille presqu'éteints, et on entendait les Cosaques et les Kurdes appeler les chevaux. Au fur et à mesure qu'ils arrivaient, on les sellait. Bientôt, tout fut prêt ; nous montâmes à cheval et Baba prit la tête de la colonne. Nous marchions un à un, pour gravir les pentes devenues difficiles par les rochers et les ravins. Nous montions sans nous arrêter. Bientôt la tête de la colonne arriva dans une vallée couverte d'herbe touffue, avec une rivière au milieu. De chaque côté, étaient des pentes escarpées. Nous commençâmes à les gravir sur la droite. De temps en temps, on entendait des coups de fusil, c'étaient des cosaques qui s'appelaient pour ne pas se perdre. Parfois, des cris remplaçaient les détonations. A la lueur des coups de fusil, on apercevait à droite et à gauche des cavaliers qui montaient, penchés sur le cou de leur monture : souvent le sabot des chevaux faisait jaillir des éclairs sur les rochers. De temps en temps, les armes brillaient malgré l'obscurité par suite d'une réflétation quelconque. Les trompettes, à certains intervalles, sonnaient le ralliement, et leurs sons cuivreux se répercutaient d'un ton sec sur les masses de pierre qui nous entouraient.

Nous avions contourné la base du grand Ararat, et nous étions parvenus au col, lorsque le soleil parut. Tous les cosaques étaient encore épars à la suite de l'ascension que nous venions de faire dans l'obscurité. Nous fûmes bientôt rassemblés et nous atteignîmes *Saïdar-Boulak* entre les deux Ararats, éloignés l'un de l'autre d'à peine 300 mètres. Derrière nous, la vallée de l'Araxe était d'un rouge pâle, et les montagnes du Karabach fermaient l'horizon. Une partie des cosaques s'arrêta à Saîdar-Boulak pour attendre les Kurdes et Ibrahim, qui devaient y apporter les bagages et les victuailles pour le déjeuner.

Le major Kosmenko, la moitié de la sotnia et nous, restions à cheval pour franchir le col. Le défilé entre les deux pics est excessivement long. On a sans cesse, sur sa droite, à la base du grand Ararat, de nombreux volcans aux couleurs variées ; à gauche le terrain est dénudé et de grandes stries de neige tombent du sommet du petit Ararat jusqu'à la route de Saïdar-Boulak à Barjazet.

Lorsqu'on arrive au point culminant du col, on trouve à sa droite un pic de rochers, détaché de l'Ararat ; au sommet, est un village kurde, situé en nid d'aigles, et l'on ne sait, à voir les escarpements du rocher, par quel prodige d'agilité on peut grimper dans les petites maisons basses de ce village.

Nous avions quitté la Russie et c'étaient les premières habitations que nous apercevions sur le territoire Persan. A partir de ce moment, le col devient très étroit et des blocs de rochers qui semblent être tombés du ciel, comme de la grêle, couvrent toute la gorge. La marche est alors très difficile et fatigante. Sans cesse on croit arriver au débouché, et chaque pas fait en avant, ne montre que de nouveaux rochers, couverts de lichens, qui semblent émerger du sol.

Enfin, le niveau du col s'abaisse subitement, et l'on découvre le pays à perte de vue.

Nous descendîmes alors de cheval, et en un instant nous étions installés sur le rocher le plus élevé des environs. Le soleil, à son lever, colorait en bleu pâle les plaines célèbres de la Perse, qui produisent les plus belles roses du monde.

La vue était superbe, mais resserrée entre des montagnes, elle n'est pas aussi étendue que celle de la grande chaîne du Caucase, aux environs de Patigorsk.

Après nous être reposés et avoir joui du panorama de la Haute-Arménie et du Nord de la Perse, nous fûmes contraints de remonter à cheval et de retourner sur nos pas.

En passant devant le village kurde, quelques cosaques se détachèrent et vinrent parlementer avec les habitants, et nous nous rendîmes directement à Saïdar-Boulak. Les cosaques que nous avions laissés le matin au pied de l'Ararat, y avaient déjà établi le camp. Les sentinelles étaient placées et le samowar était allumé. Quelques instants après notre arrivée, nous nous reposions sous la tente, lorsqu'une sentinelle cria : *Qui vive !* — C'était une autre sotnia, cantonnée à Ordeanbak, qui avait été prévenue de notre excursion à l'Ararat, par le major Kosmenko.

Les officiers et les cosaques avaient fait 80 verstes pour venir nous rejoindre et nous accompagner. Nous remerciâmes ces braves gens, et pendant qu'ils se disposaient à tuer quelques moutons, nous nous retirâmes sous une tente, nous efforçant de reprendre le sommeil que nous n'avions pas eu la nuit précédente. Au bout d'une heure, une députation de Kurdes-Persans se présentait à l'entrée du camp, demandant à parler au major.

On les introduisit jusqu'à notre tente, et ils déclarèrent qu'ils venaient présenter leurs hommages aux deux étrangers de distinction qu'ils avaient vus le matin sur le territoire de leur village. Ils étaient douze, conduits par deux vieillards à barbe blanche ; ils avaient sur la tête des turbans très élevés, d'étoffe chinée ; sur leur front, pendaient des ornements bizarres de perles, de verroterie, de cuivre ou d'argent. Leur tunique était bleue ou rose, laissant voir à l'ouverture au-dessus du col, des chemises de couleurs différentes du vêtement. Une ceinture serrait leur taille. Leur pantalon était blanc ou de couleur claire. De toutes les parties du costume, le turban était le plus foncé.

Comme ils venaient en députation, ils n'avaient pas d'armes. Après nous avoir baisé les manches et nous avoir salué à la kurde, ils nous exposèrent le but de leur visite.

Nous leur exposions que nous rapporterions en France le souvenir de l'hommage qu'ils étaient venus nous prier d'agréer, et que nous le ferions connaître à nos compatriotes ; qu'eux-mêmes pouvaient être assurés de retrouver chez les Français le même accueil que celui qu'ils nous faisaient aujourd'hui.

Il paraissaient fort ébahis des périodes de notre éloquence que notre interprète traduisit d'abord en Tatar et que le neveu de Djafar-Agha rendit en kurde, langue plus difficile.

Après cette cérémonie, nous prîmes du thé et nous invitâmes les deux vieillards, chefs de la députation, à s'asseoir à côté de nous ; la conversation s'engagea aussitôt entre nous au moyen des deux interprètes.

Nous leur demandâmes pourquoi ils avaient l'humeur batailleuse et pourquoi la semaine précédente ils avaient tué un voyageur inoffensif ; ils nous répondirent de la façon la plus calme : qu'ils n'avaient pas d'argent et qu'il leur en fallait d'abord pour vivre, et ensuite pour en donner à leur gracieux souverain, le Shah de Perse, qui les accablait d'impôts ; aussi trouvaient-ils tout naturel de tuer tous ceux qui pouvaient avoir de l'argent, lorsque cette opération pouvait se faire sans grand danger pour eux-mêmes.

En fait de détail particulier, nous disait le major Kosmenko : « Lorsqu'ils assassinent quelqu'un, ils ont l'habitude de lui faire sauter l'œil avec un kandjar, mais ce sont relativement de braves gens. Si on est leur hôte, ils se feront tuer jusqu'au dernier, pour empêcher qu'on ne touche à un seul de vos cheveux : ils ont une honnêteté relative, tandis que les Arméniens, continua le major, ne sont jamais honnêtes et il ne faut leur accorder aucune confiance. »

Nous demandâmes encore aux vieillards s'ils avaient des armes. Ils nous répondirent affirmativement, qu'ils avaient des fusils à tir rapide et venant d'Angleterre.

Après cet entretien, nous congédiâmes les deux chefs qui retournèrent auprès de leurs camarades, assis en cercle à quelques pas de notre tente. L'heure s'avançait, il fallait rentrer à Alalik.

A 5 heures, nous étions à la caserne, après avoir parcouru toute la plaine de l'Ararat sous un soleil torride. Nous terminâmes cette chevauchée par un galop effréné durant les dernières verst `ec la complaisance habituelle des Cosaques, ils nous firent demander deux troïkas à la station de poste voisine et nous quittâmes le régiment d'Oumenski non sans avoir vivement remercié officiers et soldats de leur amabilité. Nous partîmes, accompagnés de quelques Cosaques, d'Ibrahim, fils d'Ismaïl et de toute sa suite.

Durant notre retour de Saïdar-Boulak à Alalik, pour se garantir de la chaleur, Ibrahim n'avait rien trouvé de plus simple que de déployer sa boulka de laine et de la mettre sur lui. Son calme ne l'avait pas quitté un instant ; il chevauchait à côté de nos troïkas et nous conduisait, dans la direction de l'Araxe, au bac qui sert de communication entre la station de poste de Kamarli et Alalik.

En quittant le bac, une troupe de cavaliers se joignit à notre escorte. — Parmi eux, se trouvait un Persan, peu soucieux des préceptes du prophète car, par ses chants joyeux, il témoignait suffisamment qu'il était aussi fervent sectateur de Bacchus.

Cette nouvelle escorte se livra alors à une fantasia effrénée ; on les voyait galoper dans tous les sens, hurlant, chantant, s'agitant sur leur selle, comme de vrais possédés. Nous traversions un marais : la première troïka dans laquelle nous étions, mon frère et moi, passa facilement ; mais la seconde, dans laquelle se trouvait l'interprète, resta un instant embourbée. Les chevaux s'abattaient et chaque effort qu'ils faisaient pour sortir du bourbier, envoyaient des paquets de boue dans la voiture ; en quelques minutes, notre interprète Mélikoff en fut tacheté, et, pour comble de malheur, toute la fantasia, probablement pour lui faire une farce, passa au galop en frôlant la troïka et acheva de le couvrir. La physionomie bête, qu'il avait ordinairement, s'était doublée d'un air penaud et embarrassé qui le rendait des plus grotesques, et, comme nous nous étions arrêtés pour l'attendre, nous fûmes pris d'un fou rire en le regardant. Cela redoubla l'hilarité de nos compagnons qui firent, sur le compte du malheureux Arménien, des quolibets qui se traduisirent par des gestes significatifs.

Le Kiemchik sortit bientôt de cette fondrière, et, à la station, Mélikoff put se nettoyer. Nous fîmes alors nos adieux à Ibrahim, qui les reçut avec sa même dignité ; il nous exprima, de son côté, tout le plaisir qu'il avait eu de nous accompagner. Le soir, à minuit, nous étions rentrés à Erivan.

www.ingramcontent.com/pod-product-compliance
Lightning Source LLC
LaVergne TN
LVHW010504060726
842527LV00005B/1863